The Silent Stars And Other Bilingual Spanish-English Stories For Beginners

Pomme Bilingual

Published by Pomme Bilingual, 2024.

THE SILENT STARS AND OTHER BILINGUAL SPANISH-ENGLISH STORIES FOR BEGINNERS

First edition. November 25, 2024.

Copyright © 2024 Pomme Bilingual.

ISBN: 979-8224856022

Written by Pomme Bilingual.

Table of Contents

El Último Tren

R icardo está en la *Estación del Valle*. Es una estación pequeña y silenciosa. Hay niebla por todas partes. La niebla cubre los árboles, los bancos, y las vías del tren. Ricardo está sentado en un banco. Tiene una maleta pequeña a su lado. Mira las vías del tren, pero no hay tren.

Ricardo suspira. "¿Llegará el tren?" piensa. No está seguro.

La estación está vacía. No hay otras personas, solo Ricardo. Todo está muy tranquilo. Ricardo escucha el viento. El viento mueve las hojas de los árboles. También escucha un pájaro cantar. Pero no escucha el sonido de un tren.

Ricardo mira su reloj. Son las tres de la tarde. "El tren debía llegar a las dos y media," piensa. "¿Dónde está?"

Mientras espera, Ricardo recuerda su vida. Piensa en el pasado.

"Cuando era joven," dice en voz baja, "quería ser pintor. Me gustaba pintar paisajes y personas. Pero no lo hice. Mi padre quería que fuera abogado. Y fui abogado."

Ricardo mira sus manos. Están viejas y cansadas. "Trabajé muchos años en la oficina," dice. "Pero no fui feliz."

Piensa en Marta, una mujer que conoció hace muchos años. "Marta era muy amable y bonita," recuerda. "Quería casarme con ella, pero tuve miedo. No le dije nada. Y ella se fue."

Ricardo suspira de nuevo. La niebla es más espesa ahora. Apenas puede ver las vías del tren.

Un hombre aparece en la distancia. Lleva un sombrero y una chaqueta vieja. Camina lentamente hacia Ricardo. "¿Es el jefe de estación?" piensa Ricardo.

El hombre se acerca. "Buenas tardes," dice. "¿Está esperando el tren?"

"Sí," responde Ricardo. "¿Sabes cuándo llegará?"

El hombre sacude la cabeza. "Hace muchos años que no pasa un tren por aquí," dice. "La estación está cerrada desde hace tiempo."

Ricardo se queda en silencio. Mira las vías otra vez. "¿De verdad no viene el tren?" pregunta.

"No, señor," dice el hombre. "Tal vez es hora de irse."

Ricardo asiente lentamente. Se levanta del banco, toma su maleta y comienza a caminar. La niebla lo envuelve mientras se aleja de la estación.

En su corazón, sabe que no solo está dejando la estación. También está dejando atrás los sueños y las oportunidades que perdió.

El viento sopla suavemente. Las hojas caen al suelo. Y la *Estación del Valle* queda vacía una vez más.

The Last Train

Ricardo is at the *Valley Station*. It is a small and quiet station. There is fog everywhere. The fog covers the trees, the benches, and the train tracks. Ricardo is sitting on a bench. He has a small suitcase next to him. He looks at the train tracks, but there is no train.

Ricardo sighs. "Will the train arrive?" he thinks. He is not sure.

The station is empty. There are no other people, just Ricardo. Everything is very calm. Ricardo listens to the wind. The wind moves the leaves of the trees. He also hears a bird singing. But he does not hear the sound of a train.

Ricardo looks at his watch. It is three in the afternoon. "The train was supposed to arrive at two-thirty," he thinks. "Where is it?"

While he waits, Ricardo remembers his life. He thinks about the past.

"When I was young," he says softly, "I wanted to be a painter. I liked painting landscapes and people. But I didn't do it. My father wanted me to be a lawyer. And I became a lawyer."

Ricardo looks at his hands. They are old and tired. "I worked many years in the office," he says. "But I wasn't happy."

He thinks about Marta, a woman he met many years ago. "Marta was very kind and beautiful," he remembers. "I wanted to marry her, but I was afraid. I didn't say anything to her. And she left."

Ricardo sighs again. The fog is thicker now. He can barely see the train tracks.

A man appears in the distance. He is wearing a hat and an old jacket. He walks slowly toward Ricardo. "Is he the station master?" thinks Ricardo.

The man gets closer. "Good afternoon," he says. "Are you waiting for the train?"

"Yes," Ricardo replies. "Do you know when it will arrive?"

The man shakes his head. "It's been many years since a train has passed through here," he says. "The station has been closed for a long time."

Ricardo stays silent. He looks at the tracks again. "Really, the train isn't coming?" he asks.

"No, sir," says the man. "Maybe it's time to leave."

Ricardo slowly nods. He gets up from the bench, takes his suitcase, and begins to walk. The fog surrounds him as he walks away from the station.

In his heart, he knows that he is not only leaving the station. He is also leaving behind the dreams and opportunities he missed.

The wind blows gently. The leaves fall to the ground. And the *Valley Station* remains empty once again.

El Jardín Secreto

Carmen vive en *Villa Nieve*. Es un pueblo pequeño y tranquilo. Las montañas rodean el pueblo, y siempre hay un poco de nieve en los techos. Carmen es una artista, pero hace muchos años que no pinta.

"Antes, me gustaba pintar flores, paisajes y personas," piensa Carmen mientras camina por el pueblo. "Pero ya no siento inspiración."

Un día, decide explorar. Sale de su casa temprano, lleva un cuaderno de dibujo y lápices. Camina por un camino que nunca ha visto antes. El camino es estrecho y lleno de árboles. Carmen escucha el sonido de los pájaros y el viento.

Después de caminar un rato, ve un muro de piedra cubierto de musgo. Es muy alto, y parece viejo. Hay una puerta de madera en el muro. La puerta está entreabierta.

"¿Qué hay aquí?" se pregunta Carmen. Empuja la puerta y entra.

Dentro del muro, hay un jardín escondido. Es un lugar mágico. Hay flores de muchos colores: rojas, amarillas, azules y blancas. También hay árboles altos y un pequeño estanque con peces dorados.

Carmen está sorprendida. "¡Es hermoso!" dice. Se siente tranquila y feliz.

Encuentra un banco de madera bajo un árbol. Saca su cuaderno de dibujo y sus lápices. "Voy a dibujar este lugar," dice. Comienza a dibujar las flores, el estanque y los árboles.

Poco a poco, siente algo que no había sentido en mucho tiempo: inspiración. Los colores, los sonidos y los olores del jardín le recuerdan por qué le gusta pintar.

Día tras día, Carmen regresa al jardín. Lleva pinceles y pinturas. Sus cuadros son cada vez más hermosos. Pinta las flores, el agua del estanque y la luz del sol entre los árboles.

Mientras pinta, Carmen reflexiona. "Este jardín es como mi corazón," piensa. "Estaba cerrado y lleno de silencio, pero ahora está vivo otra vez."

El jardín se convierte en su refugio. Allí, encuentra paz y felicidad. También encuentra a la artista que había olvidado ser.

Un día, decide compartir su arte con los demás. Lleva sus cuadros a la plaza de *Villa Nieve*. Las personas del pueblo están emocionadas. "¡Qué bonitos cuadros!" dicen. "Son tan vivos, tan llenos de luz."

Carmen sonríe. Sabe que el jardín secreto cambió su vida. Ahora, siempre lleva consigo los colores y la magia del lugar, en su arte y en su corazón.

Y aunque el jardín sigue siendo un secreto para los demás, para Carmen es su tesoro más grande.

The Secret Garden

Carmen lives in *Villa Nieve*. It is a small and peaceful village. The mountains surround the village, and there is always some snow on the rooftops. Carmen is an artist, but she hasn't painted in many years.

"Before, I liked painting flowers, landscapes, and people," Carmen thinks as she walks through the village. "But I don't feel inspired anymore."

One day, she decides to explore. She leaves her house early, bringing a sketchbook and pencils. She walks down a path she has never seen before. The path is narrow and lined with trees. Carmen hears the sound of birds and the wind.

After walking for a while, she sees a stone wall covered with moss. It is very tall and looks old. There is a wooden door in the wall. The door is slightly open.

"What's behind this?" Carmen wonders. She pushes the door and enters.

Inside the wall, there is a hidden garden. It is a magical place. There are flowers of many colors: red, yellow, blue, and white. There are also tall trees and a small pond with golden fish.

Carmen is amazed. "It's beautiful!" she says. She feels calm and happy.

She finds a wooden bench under a tree. She takes out her sketchbook and pencils. "I'm going to draw this place," she says. She begins to draw the flowers, the pond, and the trees.

Little by little, she feels something she hasn't felt in a long time: inspiration. The colors, sounds, and smells of the garden remind her why she loves to paint.

Day after day, Carmen returns to the garden. She brings brushes and paints. Her paintings become more and more beautiful. She paints the flowers, the water of the pond, and the sunlight between the trees.

While she paints, Carmen reflects. "This garden is like my heart," she thinks. "It was closed and full of silence, but now it's alive again."

The garden becomes her refuge. There, she finds peace and happiness. She also finds the artist she had forgotten she was.

One day, she decides to share her art with others. She takes her paintings to the *Villa Nieve* square. The people in the village are excited. "What beautiful paintings!" they say. "They are so lively, so full of light."

Carmen smiles. She knows that the secret garden changed her life. Now, she always carries the colors and magic of the place with her, in her art and in her heart.

And although the garden remains a secret to others, for Carmen, it is her greatest treasure.

El Reflejo

———

Javier vive en un apartamento pequeño en la ciudad de *Río Blanco*. Es un lugar sencillo, con una sala, una cocina y un dormitorio. Hay un espejo grande en la sala. Javier lo usa para arreglarse antes de salir, pero nunca le presta mucha atención.

Una noche, Javier tiene un sueño extraño. En el sueño, ve a un hombre que se parece a él, pero diferente. Este hombre lleva ropa elegante y camina con confianza. Javier intenta hablar con él, pero el hombre no responde.

Cuando Javier despierta, siente algo raro. "¿Por qué soñé con ese hombre?" piensa. "Parecía yo, pero no era yo."

Esa mañana, mientras se prepara para trabajar, Javier se detiene frente al espejo. Mira su reflejo por un momento más largo de lo normal. "¿Quién soy realmente?" se pregunta en voz baja.

Esa noche, tiene otro sueño. Esta vez, el hombre está en una oficina grande. Habla con otras personas, ríe y parece muy feliz. Javier observa desde lejos. Quiere acercarse, pero algo lo detiene.

Cuando despierta, Javier se siente confundido. "¿Por qué sigo soñando con este hombre?" piensa. "¿Es la vida que podría tener? ¿Por qué no estoy feliz con mi vida ahora?"

En los días siguientes, Javier comienza a notar cosas diferentes en el espejo. A veces, su reflejo parece más seguro, más decidido. Pero Javier no se siente así.

"¿Es posible que haya otra versión de mí?" se pregunta. "Una versión más fuerte, más valiente."

Una noche, después de un día largo en el trabajo, Javier se sienta frente al espejo. "¿Qué me falta?" dice en voz alta. "¿Por qué siento que no estoy completo?"

El espejo no responde, pero Javier sigue mirando. Piensa en su vida: su trabajo, sus amigos, sus sueños. Se da cuenta de que ha dejado muchas cosas atrás.

"Quería ser escritor," recuerda. "Pero nunca intenté. Siempre dije que no tenía tiempo o que no era lo suficientemente bueno."

Esa noche, Javier toma un cuaderno viejo de un cajón. Comienza a escribir. Sus palabras son simples, pero vienen de su corazón.

Día tras día, Javier escribe más. Sus sueños extraños comienzan a desaparecer. En el espejo, su reflejo parece más tranquilo, más en paz.

Un día, mientras se mira en el espejo, sonríe. "Soy yo," dice. "No soy perfecto, pero estoy cambiando."

El espejo no tiene todas las respuestas, pero Javier ya no necesita preguntar. Ahora sabe que el cambio empieza dentro de él, y que siempre puede crear una nueva versión de su vida.

The Reflection

Javier lives in a small apartment in the city of *Río Blanco*. It is a simple place, with a living room, a kitchen, and a bedroom. There is a large mirror in the living room. Javier uses it to get ready before leaving, but he never pays much attention to it.

One night, Javier has a strange dream. In the dream, he sees a man who looks like him, but different. This man wears elegant clothes and walks with confidence. Javier tries to talk to him, but the man doesn't respond.

When Javier wakes up, he feels something odd. "Why did I dream about that man?" he thinks. "He looked like me, but he wasn't me."

That morning, as he gets ready for work, Javier stops in front of the mirror. He looks at his reflection for a moment longer than usual. "Who am I really?" he asks quietly.

That night, he has another dream. This time, the man is in a large office. He talks to other people, laughs, and seems very happy. Javier watches from a distance. He wants to get closer, but something stops him.

When he wakes up, Javier feels confused. "Why do I keep dreaming about this man?" he thinks. "Is it the life I could have? Why am I not happy with my life now?"

In the following days, Javier begins to notice different things in the mirror. Sometimes, his reflection looks more confident, more determined. But Javier doesn't feel that way.

"Is it possible that there's another version of me?" he wonders. "A version that's stronger, braver."

One night, after a long day at work, Javier sits in front of the mirror. "What's missing?" he says aloud. "Why do I feel like I'm not complete?"

The mirror doesn't answer, but Javier keeps staring. He thinks about his life: his work, his friends, his dreams. He realizes that he has left many things behind.

"I wanted to be a writer," he remembers. "But I never tried. I always said I didn't have time or that I wasn't good enough."

That night, Javier takes an old notebook from a drawer. He starts to write. His words are simple, but they come from his heart.

Day by day, Javier writes more. His strange dreams begin to disappear. In the mirror, his reflection looks calmer, more at peace.

One day, as he looks at himself in the mirror, he smiles. "It's me," he says. "I'm not perfect, but I'm changing."

The mirror doesn't have all the answers, but Javier no longer needs to ask. He now knows that change begins within him, and that he can always create a new version of his life.

La Ciudad Perdida

Raúl y Elena están en un auto viejo. Conducen por un camino lleno de polvo. "¿Estamos cerca?" pregunta Elena.

"Sí," responde Raúl. "San Camilo está después de esa colina."

San Camilo es el pueblo donde crecieron. No han estado allí en muchos años. Ahora, quieren ver cómo está.

Cuando llegan, todo está silencioso. Las casas son pequeñas y viejas. Muchas tienen ventanas rotas. Las calles están vacías. No hay personas, no hay tiendas abiertas.

"Es tan diferente," dice Elena, bajando del auto. Mira una plaza llena de hierba alta. "Aquí jugábamos de niños."

Raúl camina hacia una fuente en el centro de la plaza. La fuente está seca y rota. "Recuerdo esta fuente," dice. "Antes, tenía agua y peces pequeños."

Elena sonríe un poco. "Yo también la recuerdo. Siempre nos sentábamos aquí después de la escuela."

Caminan por las calles del pueblo. Ven la escuela donde estudiaron. Las puertas están cerradas, y las ventanas tienen polvo.

"Era tan grande cuando éramos niños," dice Raúl. "Ahora parece pequeña."

"Todo parece más pequeño," dice Elena. "Pero también parece más triste."

Llegan a una casa amarilla. Es la casa donde vivía Raúl. Está en ruinas ahora. La puerta está rota, y el jardín está lleno de maleza.

"Mi madre siempre cuidaba este jardín," dice Raúl. "Plantaba flores rojas y blancas."

Elena pone una mano en su hombro. "Los recuerdos están vivos en tu corazón," dice suavemente.

Después, caminan hacia una casa azul. Es la casa donde vivía Elena. También está vacía. Hay un columpio en el jardín, pero está oxidado y roto.

"Solía columpiarme aquí," dice Elena. "Podía ver todo el pueblo desde aquí."

Raúl mira el cielo. "San Camilo era nuestro mundo," dice. "Pero el tiempo cambió todo."

Elena asiente. "El pueblo cambió, pero nuestros recuerdos no," dice.

Regresan a la plaza. Se sientan en un banco viejo. El viento sopla suavemente.

"San Camilo está perdido para el mundo," dice Raúl. "Pero no para nosotros."

"Es verdad," dice Elena. "Siempre vivirá en nuestra memoria."

Se toman de la mano y miran el atardecer. Aunque el pueblo está vacío, sienten que todavía hay vida en sus recuerdos.

15

The Lost Town

———

Raúl and Elena are in an old car. They drive along a dusty road. "Are we close?" asks Elena.

"Yes," replies Raúl. "San Camilo is just beyond that hill."

San Camilo is the town where they grew up. They haven't been there in many years. Now, they want to see how it is.

When they arrive, everything is silent. The houses are small and old. Many have broken windows. The streets are empty. There are no people, no shops open.

"It's so different," says Elena, getting out of the car. She looks at a square filled with tall grass. "We used to play here when we were kids."

Raúl walks toward a fountain in the center of the square. The fountain is dry and broken. "I remember this fountain," he says. "It used to have water and small fish."

Elena smiles a little. "I remember it too. We always sat here after school."

They walk through the streets of the town. They see the school where they studied. The doors are closed, and the windows are covered in dust.

"It seemed so big when we were children," says Raúl. "Now it looks small."

"Everything seems smaller," says Elena. "But it also seems sadder."

They arrive at a yellow house. It's the house where Raúl lived. It's in ruins now. The door is broken, and the garden is overgrown with weeds.

"My mother always took care of this garden," says Raúl. "She planted red and white flowers."

Elena places a hand on his shoulder. "The memories are alive in your heart," she says softly.

Then, they walk to a blue house. It's the house where Elena lived. It's also empty. There's a swing in the garden, but it's rusty and broken.

"I used to swing here," says Elena. "I could see the whole town from here."

Raúl looks at the sky. "San Camilo was our world," he says. "But time changed everything."

Elena nods. "The town changed, but our memories didn't," she says.

They return to the square. They sit on an old bench. The wind blows gently.

"San Camilo is lost to the world," says Raúl. "But not to us."

"That's true," says Elena. "It will always live in our memory."

They hold hands and watch the sunset. Though the town is empty, they feel that there is still life in their memories.

El Último Acto

<hr>

Aurora está en el camerino del teatro *Puerto Sol*. El espejo frente a ella tiene muchas luces, pero algunas no funcionan. Sobre la mesa hay maquillaje, un peine y una flor roja.

Esta noche es especial. Es la última actuación de Aurora. Después de muchos años en el escenario, ha decidido retirarse.

Se mira en el espejo. Su rostro tiene arrugas, y su cabello es blanco. Pero sus ojos aún brillan con pasión. "He pasado toda mi vida aquí," piensa. "El teatro es mi hogar."

Aurora toma un pincel y aplica un poco de maquillaje. Su mano tiembla un poco. "Hace años, no necesitaba tanto maquillaje," dice en voz baja, sonriendo.

Mientras se prepara, recuerda su juventud. "Tenía solo 20 años cuando llegué a *Puerto Sol*," piensa. "No conocía a nadie, pero quería ser una estrella."

Se sacrifica mucho para cumplir su sueño. "Dejé mi familia, mis amigos, todo por el teatro," susurra. "Y ahora, estoy sola."

En el pasillo, escucha los pasos de los técnicos. El sonido le trae calma. "Siempre me sentí viva detrás del escenario," piensa. "El ruido, las luces, los ensayos. Todo era mágico."

Aurora se pone su vestido. Es rojo y brillante, igual al que usó en su primera obra importante. "Este vestido es parte de mi historia," dice con nostalgia.

Un joven actor, Diego, entra en el camerino. "Señora Aurora, ya es hora," dice con respeto.

Aurora asiente. "Gracias, Diego," responde. Toma un momento para respirar y mirar el camerino por última vez.

Camina hacia el escenario. La cortina aún está cerrada, pero escucha al público. Sus aplausos y risas llenan el teatro.

"Ellos no saben cuánto di por este momento," piensa Aurora. "Mis noches, mis días, mi corazón."

Cuando la cortina se abre, Aurora entra al escenario. Las luces son brillantes, y por un momento, siente que el tiempo no ha pasado.

Actúa con todo su corazón. Cada palabra, cada movimiento tiene emoción. El público está en silencio, atrapado por su talento.

Al final de la obra, Aurora recibe una ovación de pie. Las personas aplauden con fuerza. Algunos gritan su nombre.

Aurora sonríe, pero siente una lágrima en su mejilla. "Este es mi último acto," piensa. "He dado todo al teatro, y ahora es tiempo de descansar."

Cuando la cortina se cierra, Aurora se queda sola en el escenario. Mira hacia las luces apagadas y dice en voz baja: "Gracias, mi querido teatro. Siempre serás parte de mí."

Aurora se va del escenario por última vez, con el corazón lleno de recuerdos y gratitud.

The Last Act

Aurora is in the dressing room of the *Puerto Sol* theater. The mirror in front of her is surrounded by lights, but some of them are not working. On the table, there is makeup, a comb, and a red flower.

Tonight is special. It is Aurora's last performance. After many years on stage, she has decided to retire.

She looks at herself in the mirror. Her face is wrinkled, and her hair is white. But her eyes still shine with passion. "I've spent my whole life here," she thinks. "The theater is my home."

Aurora picks up a brush and applies a bit of makeup. Her hand trembles slightly. "Years ago, I didn't need so much makeup," she says softly, smiling.

As she gets ready, she recalls her youth. "I was only 20 when I came to *Puerto Sol*," she thinks. "I didn't know anyone, but I wanted to be a star."

She sacrificed so much to follow her dream. "I left my family, my friends, everything for the theater," she whispers. "And now, I'm alone."

In the hallway, she hears the footsteps of the technicians. The sound brings her calm. "I've always felt alive behind the stage," she thinks. "The noise, the lights, the rehearsals. It was all magical."

Aurora puts on her dress. It's red and shiny, just like the one she wore in her first big play. "This dress is part of my story," she says with nostalgia.

A young actor, Diego, enters the dressing room. "Ms. Aurora, it's time," he says respectfully.

Aurora nods. "Thank you, Diego," she replies. She takes a moment to breathe and look around the dressing room one last time.

She walks toward the stage. The curtain is still closed, but she can hear the audience. Their applause and laughter fill the theater.

"They don't know how much I gave for this moment," Aurora thinks. "My nights, my days, my heart."

When the curtain opens, Aurora steps onto the stage. The lights are bright, and for a moment, she feels as though time has not passed.

She performs with all her heart. Every word, every movement is filled with emotion. The audience is silent, captivated by her talent.

At the end of the play, Aurora receives a standing ovation. The people applaud loudly. Some shout her name.

Aurora smiles, but a tear falls down her cheek. "This is my last act," she thinks. "I've given everything to the theater, and now it's time to rest."

When the curtain falls, Aurora is left alone on the stage. She looks toward the dimmed lights and says softly, "Thank you, my dear theater. You will always be a part of me."

Aurora leaves the stage for the last time, her heart full of memories and gratitude.

El Viaje de Ida

S imón vive en un pequeño pueblo costero llamado *Costa Azura*. Las casas son blancas, el mar es azul, y el viento siempre huele a sal. Desde niño, Simón ha mirado el mar y se ha preguntado qué hay más allá.

Un día, Simón encuentra una carta vieja entre las cosas de su madre. La carta es de su padre, un hombre que nunca conoció. Dice que vive en una isla lejana.

Simón siente que algo despierta en su corazón. "Quiero encontrar a mi padre," piensa. "Quiero saber quién es."

Con el poco dinero que tiene, compra un boleto para un barco. Es un viaje de ida. "No sé qué pasará, pero debo ir," se dice.

El día de la partida, el puerto está lleno de gente, pero Simón se siente solo. Mira el horizonte mientras el barco zarpa. "Este es el comienzo," piensa.

En el barco, conoce a personas de diferentes lugares. Una mujer mayor llamada Rosa le cuenta historias de sus viajes. "El viaje siempre cambia a las personas," dice Rosa con una sonrisa.

Simón escucha y piensa en su padre. "¿Será como yo? ¿Por qué se fue?"

Cada día en el mar, Simón siente que aprende algo nuevo. Aprende a navegar un poco, a leer las estrellas y a escuchar el sonido del viento.

Finalmente, después de semanas, el barco llega a una isla. Es pequeña, con playas de arena blanca y montañas verdes. Simón siente nervios y emoción.

Pregunta a los habitantes sobre su padre. Muchos no lo conocen, pero una mujer le dice: "Tu padre vivió aquí hace años, pero ya no está."

Simón se siente triste. "¿He viajado tanto para nada?" se pregunta.

Pero mientras camina por la isla, algo cambia en él. Mira las flores, el cielo, y el mar, y siente una paz que nunca antes había sentido.

"Tal vez no encontré a mi padre," piensa. "Pero me encontré a mí mismo."

Antes de volver al puerto, Simón escribe una carta. Dice: "Padre, te busqué, pero no te encontré. Sin embargo, este viaje me enseñó a ser fuerte. Espero que estés bien, donde sea que estés."

Deja la carta en la isla, como un mensaje al viento.

Cuando Simón sube al barco para volver, siente que algo dentro de él ha cambiado. Mira el horizonte con una sonrisa. "Este viaje era lo que necesitaba," piensa.

El mar lo llevó lejos, pero también lo trajo de regreso a sí mismo.

The Journey There

———

Simón lives in a small coastal village called *Costa Azura*. The houses are white, the sea is blue, and the wind always smells of salt. Since he was a child, Simón has looked at the sea and wondered what lies beyond.

One day, Simón finds an old letter among his mother's things. The letter is from his father, a man he never knew. It says that he lives on a distant island.

Simón feels something stir in his heart. "I want to find my father," he thinks. "I want to know who he is."

With the little money he has, he buys a ticket for a ship. It's a one-way trip. "I don't know what will happen, but I must go," he tells himself.

On the day of departure, the port is full of people, but Simón feels alone. He looks at the horizon as the ship sets sail. "This is the beginning," he thinks.

On the ship, he meets people from different places. An elderly woman named Rosa tells him stories of her travels. "The journey always changes people," says Rosa with a smile.

Simón listens and thinks about his father. "Is he like me? Why did he leave?"

Each day at sea, Simón feels that he learns something new. He learns to navigate a little, to read the stars, and to listen to the sound of the wind.

Finally, after weeks, the ship reaches an island. It's small, with white sandy beaches and green mountains. Simón feels nervous and excited.

He asks the locals about his father. Many don't know him, but one woman says, "Your father lived here years ago, but he's no longer here."

Simón feels sad. "Did I travel so far for nothing?" he wonders.

But as he walks through the island, something changes in him. He looks at the flowers, the sky, and the sea, and feels a peace he has never felt before.

"Maybe I didn't find my father," he thinks. "But I found myself."

Before returning to the port, Simón writes a letter. It says: "Father, I searched for you, but I didn't find you. However, this journey taught me to be strong. I hope you are well, wherever you are."

He leaves the letter on the island, like a message to the wind.

When Simón boards the ship to return, he feels that something inside him has changed. He looks at the horizon with a smile. "This journey was what I needed," he thinks.

The sea took him far, but it also brought him back to himself.

La Casa en la Colina

M aría nunca había estado en *Colinas Negras*. Un día, recibe una carta de un abogado. "Has heredado una casa de un pariente lejano," dice la carta. María no sabía nada de ese pariente.

Cuando llega al pueblo, ve la casa desde lejos. Está en lo alto de una colina. Es grande, con paredes grises y ventanas oscuras.

"Es un lugar solitario," piensa María mientras sube el camino de tierra.

La puerta de la casa cruje cuando la abre. Adentro, todo está cubierto de polvo. Hay muebles viejos, cuadros en las paredes y un olor a humedad.

María empieza a explorar. En la sala, encuentra un libro en el suelo. Es un diario. En la primera página hay un mensaje: "Busca la verdad."

"¿Qué verdad?" se pregunta María.

Esa noche, mientras duerme, escucha un ruido. Se despierta y ve que la luz de la cocina está encendida. "¿Quién está aquí?" dice en voz alta, pero no hay respuesta.

Al día siguiente, encuentra una llave pequeña debajo de una alfombra. "¿Qué abrirá esta llave?" se pregunta.

Busca por toda la casa. Finalmente, en una habitación del sótano, encuentra una puerta pequeña. Usa la llave, y la puerta se abre.

Dentro, hay un pasillo oscuro. María siente miedo, pero también curiosidad. Enciende una linterna y entra.

El pasillo la lleva a una habitación secreta. Las paredes están llenas de papeles y fotos antiguas. En una mesa, encuentra una carta.

La carta dice: "Nuestra familia guarda un gran secreto. Si estás leyendo esto, es hora de que lo descubras."

María sigue buscando. En las fotos, ve a su abuela y a personas que no conoce. Encuentra más diarios que hablan de disputas, dinero y misteriosas desapariciones.

"¿Qué pasó aquí?" piensa María.

Cada día, descubre algo nuevo. Mensajes ocultos en los libros, pasillos secretos detrás de las paredes, y más fotos que muestran una vida de secretos y mentiras.

Finalmente, en un viejo baúl, encuentra un documento que explica todo. Habla de una gran herencia perdida y de cómo su familia peleó por ella.

María entiende que la casa era un lugar de conflictos, pero también un lugar de historias. "Mi familia no era perfecta," piensa. "Pero ahora sé de dónde vengo."

Decide quedarse en la casa. Limpia las habitaciones, guarda los papeles y abre las ventanas para dejar entrar la luz.

Aunque la casa sigue siendo misteriosa, María siente que ahora es su hogar. Y en lo alto de *Colinas Negras*, comienza una nueva vida llena de respuestas y paz.

The House on the Hill

———

María had never been to *Black Hills*. One day, she receives a letter from a lawyer. "You have inherited a house from a distant relative," the letter says. María knew nothing about this relative.

When she arrives in the village, she sees the house from a distance. It's perched on top of a hill. It's large, with gray walls and dark windows.

"It's a lonely place," thinks María as she climbs the dirt path.

The door creaks when she opens it. Inside, everything is covered in dust. There are old furniture pieces, paintings on the walls, and a musty smell.

María begins to explore. In the living room, she finds a book on the floor. It's a diary. On the first page, there's a message: "Seek the truth."

"What truth?" María wonders.

That night, as she sleeps, she hears a noise. She wakes up and sees that the kitchen light is on. "Who's here?" she says aloud, but there's no response.

The next day, she finds a small key under a rug. "What will this key open?" she wonders.

She searches the house. Finally, in a basement room, she finds a small door. She uses the key, and the door opens.

Inside, there's a dark corridor. María feels fear, but also curiosity. She turns on a flashlight and enters.

The corridor leads her to a secret room. The walls are filled with papers and old photographs. On a table, she finds a letter.

The letter says: "Our family keeps a great secret. If you're reading this, it's time for you to uncover it."

María keeps searching. In the photographs, she sees her grandmother and people she doesn't recognize. She finds more diaries that speak of disputes, money, and mysterious disappearances.

"What happened here?" María wonders.

Each day, she discovers something new. Hidden messages in books, secret passages behind walls, and more photographs that show a life full of secrets and lies.

Finally, in an old trunk, she finds a document that explains everything. It talks about a great lost inheritance and how her family fought over it.

María understands that the house was a place of conflict, but also a place of stories. "My family wasn't perfect," she thinks. "But now I know where I come from."

She decides to stay in the house. She cleans the rooms, organizes the papers, and opens the windows to let in the light.

Though the house remains mysterious, María feels that it's now her home. And atop *Black Hills*, a new life begins for her, full of answers and peace.

El Regalo de la Navidad

———

Sofía vivía en una gran ciudad. Tenía una casa grande, ropa elegante y dinero para todo lo que quería. Pero no era feliz. "Nada me emociona," pensaba.

Una semana antes de Navidad, su coche se dañó en un viaje. Estaba cerca de un pueblo pequeño llamado *El Olivo*. Allí no había hoteles ni tiendas grandes.

"¿Dónde voy a quedarme?" preguntó Sofía, molesta.

Una mujer del pueblo, llamada Rosa, la invitó a su casa. "Mi casa es humilde, pero hay espacio para ti," dijo Rosa con una sonrisa.

La casa de Rosa era pequeña, con una chimenea vieja y pocos muebles. Pero era cálida y acogedora. Sofía no estaba acostumbrada a algo tan simple.

"Gracias," dijo Sofía, aunque no se sentía cómoda.

Los días pasaron, y Sofía comenzó a notar algo diferente en *El Olivo*. Las personas eran amables. Compartían lo poco que tenían y se ayudaban mutuamente.

"En mi ciudad, nadie hace esto," pensó Sofía.

En la víspera de Navidad, los vecinos del pueblo organizaron una cena. Invitaron a Sofía, aunque no la conocían bien.

En la mesa, había comida sencilla: pan, sopa y dulces caseros. Todos comían juntos, reían y cantaban.

Sofía miró a Rosa. "¿Cómo puedes ser tan feliz con tan poco?" preguntó.

Rosa sonrió. "La felicidad no viene de lo que tienes, sino de lo que compartes," respondió.

Esa noche, Sofía no pudo dormir. Pensó en su vida. "Tengo tanto, pero no sé compartir. Tal vez por eso no soy feliz," reflexionó.

Al día siguiente, el día de Navidad, Sofía tomó una decisión. Fue al único mercado del pueblo y compró regalos pequeños para todos: velas, dulces y frutas.

Cuando entregó los regalos, los niños rieron de alegría, y los adultos la abrazaron. "Gracias, Sofía," dijeron.

Por primera vez en mucho tiempo, Sofía sintió algo nuevo: paz y felicidad.

Antes de irse de *El Olivo*, Sofía le dijo a Rosa: "Este fue el mejor regalo de Navidad. Aprendí a dar y a valorar lo simple."

Cuando volvió a su ciudad, Sofía comenzó a ayudar a las personas necesitadas. Donaba ropa, visitaba a los enfermos y compartía su tiempo.

Cada Navidad, recordaba a *El Olivo* y el verdadero significado de dar. "El mejor regalo no es el que recibes," pensaba. "Es el que das con el corazón."

The Christmas Gift

S ofía lived in a large city. She had a big house, fancy clothes, and money for everything she wanted. But she wasn't happy. "Nothing excites me," she thought.

One week before Christmas, her car broke down on a trip. She was near a small town called *El Olivo*. There were no hotels or big stores there.

"Where am I going to stay?" Sofía asked, frustrated.

A woman from the town, named Rosa, invited her to her house. "My house is humble, but there's space for you," Rosa said with a smile.

Rosa's house was small, with an old fireplace and few pieces of furniture. But it was warm and cozy. Sofía wasn't used to such simplicity.

"Thank you," Sofía said, although she didn't feel comfortable.

Days passed, and Sofía began to notice something different about *El Olivo*. The people were kind. They shared what little they had and helped each other.

"In my city, no one does this," Sofía thought.

On Christmas Eve, the villagers organized a dinner. They invited Sofía, even though they didn't know her well.

On the table was simple food: bread, soup, and homemade sweets. Everyone ate together, laughed, and sang.

Sofía looked at Rosa. "How can you be so happy with so little?" she asked.

Rosa smiled. "Happiness doesn't come from what you have, but from what you share," she replied.

That night, Sofía couldn't sleep. She thought about her life. "I have so much, but I don't know how to share. Maybe that's why I'm not happy," she reflected.

The next day, Christmas Day, Sofía made a decision. She went to the only market in the village and bought small gifts for everyone: candles, sweets, and fruit.

When she gave the gifts, the children laughed with joy, and the adults hugged her. "Thank you, Sofía," they said.

For the first time in a long time, Sofía felt something new: peace and happiness.

Before leaving *El Olivo*, Sofía told Rosa, "This was the best Christmas gift. I learned to give and appreciate the simple things."

When she returned to her city, Sofía began helping those in need. She donated clothes, visited the sick, and shared her time.

Every Christmas, she remembered *El Olivo* and the true meaning of giving. "The best gift isn't what you receive," she thought. "It's what you give with your heart."

Las Estrellas Calladas

En el pequeño pueblo de *La Cima del Sol*, vivía Eduardo, un hombre solitario. Eduardo era astrónomo. Pasaba sus noches mirando las estrellas con su telescopio.

Su casa estaba en una colina, lejos del pueblo. "Aquí hay silencio," pensaba. "Es perfecto para ver el cielo."

Todas las noches, Eduardo se sentaba junto a su telescopio. Observaba las estrellas y anotaba lo que veía en un cuaderno viejo.

"Las estrellas nunca hablan, pero siempre están ahí," decía para sí mismo.

A Eduardo le gustaba el silencio. Pero a veces, sentía algo en su corazón, como un vacío. "Estoy solo," pensaba.

Un día, mientras caminaba por el pueblo, vio a una niña mirando el cielo. "¿Qué haces?" le preguntó Eduardo.

"Busco la estrella más brillante," respondió la niña con una sonrisa. "Me llamo Clara."

Eduardo se sorprendió. "¿Te gustan las estrellas?" preguntó.

"Sí," dijo Clara. "Me hacen sentir menos sola."

Eduardo no supo qué decir. Era la primera vez que alguien compartía su amor por las estrellas.

Esa noche, Eduardo pensó en Clara. "Tal vez no soy el único que busca algo en el cielo," reflexionó.

La noche siguiente, Clara fue a la colina. "¿Puedo mirar las estrellas contigo?" preguntó.

Eduardo dudó al principio, pero luego dijo: "Claro."

Clara miró por el telescopio y dijo: "¡Es hermoso!" Eduardo le explicó los nombres de las constelaciones y las historias detrás de ellas.

Poco a poco, más personas del pueblo comenzaron a visitar a Eduardo. Querían aprender sobre las estrellas.

Eduardo ya no pasaba las noches solo. Ahora, compartía el cielo con otros. Sentía algo nuevo en su corazón: esperanza.

Una noche, mientras todos miraban las estrellas, Clara dijo: "Las estrellas son más bonitas cuando las compartes."

Eduardo sonrió. "Tienes razón," respondió.

Con el tiempo, Eduardo entendió que las estrellas siempre estaban ahí para él, pero también necesitaba la calidez de otras personas.

Aunque las estrellas seguían calladas, el corazón de Eduardo ya no lo estaba. Encontró en el cielo y en las personas algo más valioso: compañía y esperanza.

The Silent Stars

———

In the small village of *La Cima del Sol*, there lived a man named Eduardo, a solitary soul. Eduardo was an astronomer. He spent his nights looking at the stars through his telescope.

His house was on a hill, far from the village. "It's quiet here," he thought. "It's perfect for watching the sky."

Every night, Eduardo would sit next to his telescope. He observed the stars and wrote down what he saw in an old notebook.

"The stars never speak, but they are always there," he would say to himself.

Eduardo enjoyed the silence. But sometimes, he felt something in his heart, like an emptiness. "I am alone," he thought.

One day, as he was walking through the village, he saw a little girl staring at the sky. "What are you doing?" Eduardo asked.

"I'm looking for the brightest star," the girl replied with a smile. "My name is Clara."

Eduardo was surprised. "Do you like the stars?" he asked.

"Yes," said Clara. "They make me feel less lonely."

Eduardo didn't know what to say. It was the first time someone had shared his love for the stars.

That night, Eduardo thought about Clara. "Maybe I'm not the only one looking for something in the sky," he reflected.

The following night, Clara came to the hill. "Can I look at the stars with you?" she asked.

Eduardo hesitated at first, but then said, "Of course."

Clara looked through the telescope and said, "It's beautiful!" Eduardo explained the names of the constellations and the stories behind them.

Little by little, more people from the village began to visit Eduardo. They wanted to learn about the stars.

Eduardo no longer spent his nights alone. Now, he shared the sky with others. He felt something new in his heart: hope.

One night, as everyone watched the stars, Clara said, "The stars are more beautiful when you share them."

Eduardo smiled. "You're right," he replied.

Over time, Eduardo understood that the stars had always been there for him, but he also needed the warmth of other people.

Though the stars remained silent, Eduardo's heart no longer was. He found something more valuable in the sky and in others: companionship and hope.

Los Caminos del Destino

———

Ana vivía en la ciudad. Tenía un buen trabajo en una oficina y un apartamento cómodo. Pero, a veces, sentía que algo faltaba en su vida.

Un día, recibió una carta. Era una oferta de trabajo en un pequeño pueblo llamado *Mar de Plata*. Querían que Ana ayudara en una escuela para niños.

"Es una gran oportunidad," pensó Ana. "Siempre quise trabajar con niños."

Pero también tenía dudas. "Dejaré mi trabajo seguro, mi casa y mi vida aquí. ¿Es una buena decisión?"

Ana habló con su mejor amiga, Laura. "¿Qué harías tú?" preguntó.

Laura sonrió. "Yo seguiría mi corazón," dijo.

Ana pasó días pensando en su decisión. Caminaba por las calles de la ciudad, mirando a las personas apuradas y los edificios altos. "¿Esto es lo que quiero para siempre?" se preguntaba.

Finalmente, Ana tomó una decisión. Empacó sus cosas y se mudó a *Mar de Plata*.

El pueblo era diferente. Había casas pequeñas, flores en los jardines y niños jugando en las calles. Todo era tranquilo.

La escuela era pequeña, pero los niños eran felices. Ana comenzó a enseñarles a leer y escribir. También organizaba juegos y actividades para ellos.

Con el tiempo, Ana sintió que su vida tenía un nuevo propósito. Los niños la hacían reír y le daban energía.

Una tarde, mientras caminaba por el pueblo, Ana miró el cielo. "¿Fue el destino lo que me trajo aquí o fue mi elección?" pensó.

No sabía la respuesta, pero tampoco importaba. Ana estaba feliz. Había encontrado un lugar donde podía ser ella misma y hacer algo significativo.

Los niños del pueblo siempre corrían hacia ella con sonrisas y abrazos. "¡Gracias, maestra Ana!" decían.

Ana aprendió que a veces, los caminos del destino no están escritos. Son las decisiones que tomamos las que nos llevan a donde debemos estar.

En *Mar de Plata*, Ana descubrió que no importa si el destino o las elecciones nos guían. Lo importante es encontrar felicidad en el camino que elegimos.

The Paths of Destiny

Ana lived in the city. She had a good job in an office and a comfortable apartment. But sometimes, she felt like something was missing in her life.

One day, she received a letter. It was a job offer from a small town called *Mar de Plata*. They wanted Ana to help at a school for children.

"It's a great opportunity," thought Ana. "I've always wanted to work with children."

But she also had doubts. "I'll be leaving my secure job, my home, and my life here. Is it the right decision?"

Ana talked to her best friend, Laura. "What would you do?" she asked.

Laura smiled. "I would follow my heart," she said.

Ana spent days thinking about her decision. She walked through the city's streets, watching the hurried people and tall buildings. "Is this what I want forever?" she wondered.

Finally, Ana made her decision. She packed her things and moved to *Mar de Plata*.

The town was different. There were small houses, flowers in the gardens, and children playing in the streets. Everything was peaceful.

The school was small, but the children were happy. Ana began teaching them to read and write. She also organized games and activities for them.

Over time, Ana felt that her life had a new purpose. The children made her laugh and gave her energy.

One afternoon, as she walked through the town, Ana looked up at the sky. "Was it destiny that brought me here, or was it my choice?" she wondered.

She didn't know the answer, but it didn't matter. Ana was happy. She had found a place where she could be herself and do something meaningful.

The children of the town always ran to her with smiles and hugs. "Thank you, Teacher Ana!" they said.

Ana learned that sometimes, the paths of destiny are not written. It's the decisions we make that lead us to where we need to be.

In *Mar de Plata*, Ana discovered that it doesn't matter if destiny or choices guide us. What matters is finding happiness on the path we choose.

La Sombra del Puente

Carlos era un escritor solitario. Vivía en una gran ciudad, lejos de su familia y de su pueblo natal, *Villa Bruma*. Un día, recibió una llamada. Su padre había fallecido, y había dejado una carta para él. Aunque Carlos no quería volver a *Villa Bruma*, algo en su corazón le decía que debía ir.

Cuando llegó al pueblo, estaba lloviendo. Las calles eran estrechas y grises. Todo parecía cubierto por una niebla espesa. *Villa Bruma* no había cambiado mucho, pero Carlos se sentía como un extraño. Caminó hasta la vieja casa de su familia. Al entrar, el silencio lo envolvió.

En la mesa del comedor encontró la carta. Era una hoja de papel amarilla, con la letra firme de su padre. Carlos respiró hondo y comenzó a leer:

"Hijo, sé que ha pasado mucho tiempo desde nuestra última conversación. Hay algo que debes saber. Hace años, algo terrible ocurrió. Fue mi culpa, pero tú sufriste las consecuencias. Ahora, no puedo cambiar el pasado, pero quiero que conozcas la verdad. Ve al puente, donde todo comenzó."

Carlos sintió un nudo en la garganta. Sabía exactamente de qué puente hablaba su padre. Era el puente donde solía jugar de niño, pero también era el lugar donde su familia se había dividido para siempre.

Esa noche, Carlos salió bajo la lluvia hacia el puente. Mientras caminaba, los recuerdos lo invadieron: los gritos, las lágrimas, y el día que decidió irse de *Villa Bruma*.

Cuando llegó al puente, la niebla era tan densa que apenas podía ver. Pero algo lo empujó a quedarse. Allí, de pie bajo la lluvia, Carlos recordó las palabras de su padre. Cerró los ojos y habló en voz alta:

—Papá, te perdono. Y espero que tú también me perdones por haberte abandonado.

La lluvia se detuvo por un momento. Carlos sintió una paz que no había sentido en años. Aunque el pasado no podía cambiarse, sabía que tenía el poder de empezar de nuevo.

Regresó a la casa con la carta en el bolsillo. En su corazón, *Villa Bruma* ya no era un lugar de tristeza, sino un lugar donde podía reconciliarse con su pasado y encontrar la paz.

The Shadow of the Bridge

Carlos was a lonely writer. He lived in a big city, far from his family and his hometown, *Villa Bruma*. One day, he received a phone call. His father had passed away and left a letter for him. Although Carlos didn't want to return to *Villa Bruma*, something in his heart told him he had to go.

When he arrived in the town, it was raining. The streets were narrow and gray. Everything seemed cloaked in a thick fog. *Villa Bruma* hadn't changed much, but Carlos felt like a stranger. He walked to his family's old house. When he stepped inside, silence enveloped him.

On the dining table, he found the letter. It was a yellowed sheet of paper, written in his father's firm handwriting. Carlos took a deep breath and began to read:

"Son, I know it's been a long time since our last conversation. There's something you need to know. Years ago, something terrible happened. It was my fault, but you suffered the consequences. Now, I can't change the past, but I want you to know the truth. Go to the bridge, where it all began."

Carlos felt a lump in his throat. He knew exactly which bridge his father was talking about. It was the bridge where he used to play as a child, but it was also the place where his family had fallen apart forever.

That night, Carlos walked to the bridge in the rain. As he made his way, memories overwhelmed him: the shouting, the tears, and the day he decided to leave *Villa Bruma*.

When he reached the bridge, the fog was so dense he could barely see. But something compelled him to stay. Standing there in the rain, Carlos remembered his father's words. He closed his eyes and spoke aloud:

"Dad, I forgive you. And I hope you can forgive me for leaving you behind."

For a moment, the rain stopped. Carlos felt a peace he hadn't experienced in years. While the past couldn't be undone, he realized he had the power to start anew.

He returned to the house with the letter in his pocket. In his heart, *Villa Bruma* was no longer a place of sorrow but a place where he could reconcile with his past and find peace.

La Biblioteca

Elena era una joven historiadora. Un día, recibió una carta del director de un museo importante. La carta decía:

"Señorita Elena, necesitamos su ayuda. Hay una biblioteca antigua en Colina Alba. Nadie ha catalogado sus libros en muchos años. Queremos preservar su contenido antes de que se pierda. Por favor, vaya y registre todo lo que encuentre."

Elena aceptó. Le emocionaba la idea de descubrir secretos escondidos en una biblioteca olvidada.

Cuando llegó a *Colina Alba*, el pueblo estaba tranquilo y rodeado de colinas verdes. La biblioteca estaba en una colina alta. Era un edificio viejo, con paredes de piedra y ventanas pequeñas. Dentro, el aire olía a papel antiguo y madera.

Elena empezó a trabajar. Había cientos de libros sin título, escritos a mano. Pronto se dio cuenta de algo especial: los libros no eran novelas ni cuentos. Eran memorias. Personas anónimas habían escrito sus vidas, sus sueños, y sus secretos en esas páginas.

Uno de los libros hablaba de una mujer que dejó su pueblo para buscar una vida nueva en la ciudad, igual que Elena. Otro libro contaba la historia de un joven que tenía miedo de fallar, pero encontró valor para seguir adelante. Elena sentía que cada libro le hablaba directamente.

Un día, encontró un diario escondido en una caja. Al abrirlo, vio un nombre familiar: *Isabel García.* Ese era el nombre de su abuela. Elena no podía creerlo. Empezó a leer.

El diario hablaba de una joven llamada Isabel que vivía en *Colina Alba.* Soñaba con viajar y estudiar, pero su familia quería que se quedara en el pueblo. Isabel escribió sobre su lucha por decidir entre seguir sus sueños o quedarse con su familia. Finalmente, decidió irse, igual que Elena.

Elena lloró mientras leía. Nunca había conocido esa parte de la vida de su abuela. Se dio cuenta de que su propia decisión de estudiar historia había sido inspirada, sin saberlo, por el espíritu valiente de Isabel.

Cuando terminó su trabajo en la biblioteca, Elena entregó una lista detallada de los libros al museo. Pero el diario de su abuela lo guardó para sí misma.

De vuelta en la ciudad, Elena sabía que había encontrado más que libros en esa biblioteca. Había descubierto un vínculo con su pasado y una nueva claridad sobre su futuro.

The Library

Elena was a young historian. One day, she received a letter from the director of an important museum. The letter read:

"Miss Elena, we need your help. There is an old library in Colina Alba. No one has cataloged its books for many years. We want to preserve its contents before they are lost. Please go and record everything you find."

Elena accepted. She was thrilled at the idea of uncovering hidden secrets in a forgotten library.

When she arrived at *Colina Alba*, the town was quiet and surrounded by green hills. The library stood on a tall hill. It was an old building with stone walls and small windows. Inside, the air smelled of aged paper and wood.

Elena began her work. There were hundreds of untitled, handwritten books. Soon, she noticed something special: the books weren't novels or stories. They were memoirs. Anonymous people had written about their lives, dreams, and secrets in those pages.

One book told the story of a woman who left her hometown to seek a new life in the city, just like Elena. Another recounted the tale of a young man who was afraid of failure but found the courage to move forward. Elena felt as if each book was speaking to her personally.

One day, she found a diary hidden in a box. When she opened it, she saw a familiar name: *Isabel García*. It was her grandmother's name. Elena couldn't believe it and began to read.

The diary told the story of a young woman named Isabel who lived in *Colina Alba*. She dreamed of traveling and studying, but her family wanted her to stay in the town. Isabel wrote about her struggle to choose between following her dreams or staying with her family. In the end, she decided to leave, just like Elena had.

Elena cried as she read. She had never known this part of her grandmother's life. She realized that her own decision to study history had been inspired, unknowingly, by Isabel's brave spirit.

When her work in the library was complete, Elena handed over a detailed catalog of the books to the museum. But her grandmother's diary she kept for herself.

Back in the city, Elena knew she had found more than books in that library. She had discovered a connection to her past and newfound clarity about her future.